ANTON BRUCKNER

AUSGEWÄHLTE GEISTLICHE CHÖRE

HERAUSGEGEBEN VON

LUDWIG BERBERICH

PARTITUR

C. F. PETERS · FRANKFURT

LEIPZIG · LONDON · NEW YORK

INHALT

ANHANG

TEXTE

I

Ave Maria gratia plena Dominus tecum. Benedicta tu in mulieribus et benedictus fructus ventris tui, Jesus. Sancta Maria, mater Dei, ora pro nobis peccatoribus, nunc et in hora mortis nostrae. Amen.

Gegrüßet seist du Maria, voll der Gnade, der Herr ist mit dir, du bist gebenedeit unter den Frauen und gebenedeit ist die Frucht deines Leibes, Jesus. Heilige Maria, Mutter Gottes, bitte für uns Sünder, jetzt und in der Stunde unseres Todes. Amen.

II

Afferentur regi virgines post eam: proximae ejus afferentur tibi in laetitia et exsultatione: adducentur in templum regi Domino.

Es werden bei ihrem Zug zum Könige Jungfrauen mitgeführt, es werden mitgeführt ihre Gefährtinnen in Freude und Frohlocken. Sie werden geleitet in den Palast zu dem Könige, dem Herrn.

III

Pange lingua gloriosi corporis mysterium sanguinisque pretiosi, quem in mundi pretium fructus ventris generosi, rex effudit gentium.

Singe, Zunge, Lob dem Leibe, der ein Wunder in sich schloß, und das teure Blut beschreibe, das der Welt zum Heil erfloß, das, als Frucht aus hehrem Leibe, er, der Völker Fürst, vergoß.

Tantum ergo sacramentum veneremur cernui, et antiquum documentum novo cedat ritui: praestet fides supplementum sensuum defectui.

Solch hochheiliges Gnadenzeichen beten ehrfurchtsvoll wir an, und die alten Sitten weichen, seit der neue Brauch begann: Reiner Glaube wird erreichen, was der Menschensinn nicht kann.

Genitori genitoque laus et jubilatio, salus honor virtus quoque sit et benedictio, procedenti ab utroque compar sit laudatio.

Zeuger und erzeugtem Sohne Lob und Preis in Ewigkeit, Ehre, Dank und Jubel wohne uns im Herzen allezeit, auch dem Heiligen Geist zur Krone gleiches Loblied sei geweiht.

(Richard Zoozmann)

IV

Locus iste a Deo factus est inaestimabile sacramentum irreprehensibilis est.

Diese Stätte ist von Gott gemacht, ein unergründliches Geheimnis, kein Makel ist an ihr.

V

Tota pulchra es Maria. Et macula originalis non est in te. Tu gloria Jerusalem. Tu laetitia Israel. Tu honorificentia populi nostri. Tu advocata peccatorum. O Maria! Virgo prudentissima. Mater clementissima. Ora pro nobis. Intercede pro nobis ad Dominum Jesum Christum.

Einzig schön bist du, Maria, der Erbschuld Makel ist dir fremd. Du Ruhm Jerusalems, du Wonne Israels, du Preis unseres Volkes, du Walterin der Sünder. Maria, Jungfrau klug vor Allen, Mutter, mild wie keine, bitt für uns, tritt ein für uns bei unserm Herrn Jesus Christus.

VI

Os justi meditabitur sapientiam, et lingua ejus loquetur judicium. Lex Dei ejus in corde ipsius et non supplantabuntur gressus ejus.

Der Mund des Gerechten wird auf Weisheit denken und seine Zunge Recht reden. Das Gesetz Gottes stehet recht in seinem Herzen, und seine Schritte werden nicht straucheln.

VII

Christus factus est pro nobis obediens usque ad mortem, mortem autem crucis. Propter quod et Deus exaltavit illum et dedit illi nomen, quod est super omne nomen.

Christus ward gehorsam für uns bis zum Tode, ja bis zum Tode am Kreuze. Deswegen hat Gott ihn erhöht und ihm einen Namen gegeben, der über alle Namen ist.

VIII

Ecce sacerdos magnus, qui in diebus suis placuit Deo. Ideo jurejurando fecit illum Dominus crescere in plebem suam. Benedictionem omnium gentium dedit illi, et testamentum suum confirmavit super caput ejus.

Seht einen Hohepriester, wie er in seinen Erdentagen Gott gefiel, wie der Herr mit ihm einen Bund geschlossen, daß er hineinwachse in seines Volkes Gemeinschaft. Allen Völkern zum Segen sollte er sein, und der Gnade Fülle legte er auf sein Haupt.

Gloria Patri et Filio et Spiritui Sancto, sicut erat in principio et nunc et semper, et in saecula saeculorum. Amen.

Ehre sei dem Vater und dem Sohn und dem Heiligen Geist, wie es war im Anfang, jetzt und allezeit und in alle Ewigkeit. Amen.

IX

Virga Jesse floruit: Virgo Deum et hominem genuit: pacem Deus reddidit, in se reconcilians ima summis.

Jesses Reis ist erblüht: die Jungfrau hat den Gott und Menschen geboren. Frieden hat Gott wieder gegeben, da er das Tiefste mit dem Höchsten in sich aussöhnte.

X

Vexilla regis prodeunt fulget crucis mysterium quo carne carnis conditor suspensus est patibulo.

Des Königs Banner wallt hervor, hell leuchtend strahlt das Kreuz empor, wo unser Menschheit Stamm und Stolz gefesselt hängt am Marterholz.

O crux ave spes unica hoc passionis tempore auge piis justitiam reisque dona veniam.

O heil'ges Kreuz, sei uns gegrüßt! Du unsere einz'ge Hoffnung bist, den Frommen mehr' die Heiligkeit, den Schuld'gen schenk' das Gnadenkleid.

Te summa Deus Trinitas collaudet omnis spiritus quos per crucis mysterium salvas rege per saecula. Amen.

Dir höchster Gott, Dreieinigkeit, sei aller Geister Lob geweiht, die du am Kreuz von Schuld befreit, regiere sie in Ewigkeit. Amen.

(Schott)

ANHANG

Inveni David servum meum, oleo sancto meo unxi eum, manus enim mea auxiliabitur ei et brachium meum confortabit eum.

David, meinen Knecht hab ich gefunden, hab ihn mit meinem heiligen Öl gesalbt, daß meine Hand beständig mit ihm sei und auch mein Arm ihn stärke.

VORWORT

Bruckners Motetten werden von Kirchen= und Konzert=Chören sehr viel gesungen. Das rechtfertigt eine neue Auswahl in vorliegender Ausgabe. Aufgenommen wurden nur Stücke aus der besten Zeit, beginnend mit dem siebenstimmigen Ave Maria, in dem Bruckner erstmals seine ganz große Sprache gefunden hat.

Geändert wurde an den Stücken nur in folgenden Fällen:

1. Im Ave Maria mußte in Takt 6 der erste Sopran korrigiert werden: Halbe Note d'' statt e''. Der Münchener Domchor singt seit langem diese Korrektur auf Grund folgender persönlichen Mitteilung des Bruckner-Biographen Max Auer: „Der Fehler im Ave Maria ist erst bei den späteren Drucken aufgetreten. Im Erstdruck stand er noch nicht. Das Original ist zwar verschollen, doch ist im Linzer Domarchiv eine alte Abschrift, und ich besitze die Stimmen, aus denen in der Wiener Hofkapelle zu Bruckners Zeiten das Ave Maria oft gesungen wurde."

2. Im Vexilla regis, das Bruckner sehr langsam wünschte, wurden im Interesse des melodischen Bogens mehrere Absetzungszeichen fortgelassen.

3. Am Schluß des Os justi und im Gloria patri des Ecce sacerdos wurde der Choral in der heute üblichen Ausführung notiert.

Ludwig Berberich

1. Ave Maria

Anton Bruckner (1824-1896)
Komponiert 1861

San-cta Ma - ri - a, san-cta Ma - ri - a, sancta Ma - ri - a, mater

San-cta Ma - ri - a, san-cta Ma - ri - a, sancta Ma - ri - a, mater

San-cta Ma - ri - a, sancta Ma - ri - a,— ma - ter

San-cta Ma - ri - a, sancta Ma - ri - a,— ma - ter

San-cta Ma - ri - a, sancta Ma - ri - a, ma - ter

De - - i, o - ra pro no - bis— pec - ca - to -

De - - i, o - ra pro no - bis pec - ca - to -

o - ra pro no-bis

De - - i, o - rapro no-bis pec - ca - to -

De - - i, o - ra, o - rapro no - bis pec - ca - to -

- ri - bus, nunc et in ho - ra mor - tis no-strae, mor - tis no-strae.

- ri - bus, nunc et in ho - ra mor - tis no-strae, mor - tis no-strae.

- ri - bus, nunc et in ho - ra mor - tis no-strae, mor - tis no-strae.

- ri - bus, nunc et in ho - ra mor - tis no-strae, mor - tis no-strae.

San-cta Ma - ri - a, o - ra pro no - - - bis. A - men.

San-cta Ma - ri - a, o - ra pro no - - - bis. A - men.

San-cta Ma - ri - a, o - ra pro no - - - bis. A - men.

San-cta Ma - ri - a, o - ra pro no - - - bis. A - men.

Edition Peters.   11400

2. Offertorium

Komponiert 1861

4

3. Pange lingua

Komponiert 1868

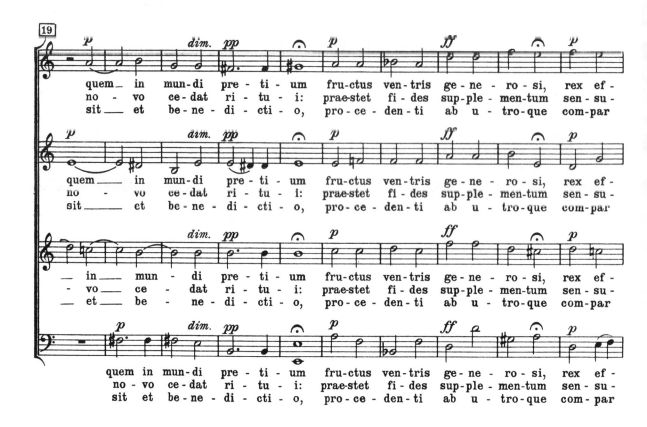

quem in mun-di pre-ti-um fru-ctus ven-tris ge-ne-ro-si, rex ef-
no-vo ce-dat ri-tu-i: prae-stet fi-des sup-ple-men-tum sen-su-
sit et be-ne-di-cti-o, pro-ce-den-ti ab u-tro-que com-par

quem in mun-di pre-ti-um fru-ctus ven-tris ge-ne-ro-si, rex ef-
no-vo ce-dat ri-tu-i: prae-stet fi-des sup-ple-men-tum sen-su-
sit et be-ne-di-cti-o, pro-ce-den-ti ab u-tro-que com-par

in mun-di pre-ti-um fru-ctus ven-tris ge-ne-ro-si, rex ef-
vo ce-dat ri-tu-i: prae-stet fi-des sup-ple-men-tum sen-su-
et be-ne-di-cti-o, pro-ce-den-ti ab u-tro-que com-par

quem in mun-di pre-ti-um fru-ctus ven-tris ge-ne-ro-si, rex ef-
no-vo ce-dat ri-tu-i: prae-stet fi-des sup-ple-men-tum sen-su-
sit et be-ne-di-cti-o, pro-ce-den-ti ab u-tro-que com-par

fu-dit gen-ti-um, rex ef-fu-dit gen-ti-um.
um de-fec-tu-i, sen-su-um de-fec-tu-i. } A - -men.
sit lau-da-ti-o, com-par sit lau-da-ti-o.

fu-dit gen-ti-um, rex ef-fu-dit gen-ti-um.
um de-fec-tu-i, sen-su-um de-fec-tu-i. } A - -men.
sit lau-da-ti-o, com-par sit lau-da-ti-o.

fu-dit gen-ti-um, rex ef-fu-dit gen-ti-um.
um de-fec-tu-i, sen-su-um de-fec-tu-i. } A - -men.
sit lau-da-ti-o, com-par sit lau-da-ti-o.

fu-dit gen-ti-um, gen-ti-um.
um de-fec-tu-i, de-fec-tu-i. } A - -men.
sit lau-da-ti-o, lau-da-ti-o.

H. H. Pater Otto Loidol

4. Graduale

Komponiert 1869

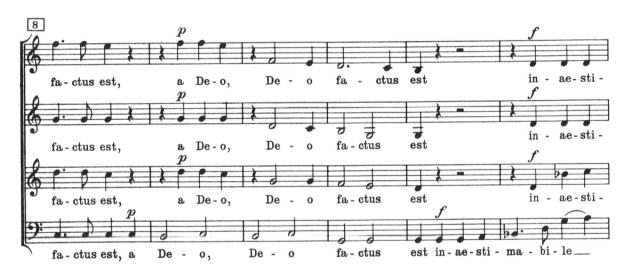

9

5. Antiphon

Komponiert 1878

10

11

11400

Sr. Hochwürden Herrn Musikdirektor Ignaz Traumihler zu St. Florian

6. Graduale
〈Lydisch〉

Komponiert 1879

14

7. Graduale

Komponiert 1884

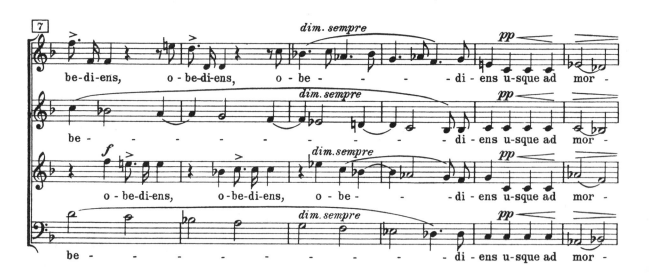

8. Ecce sacerdos

Komponiert 1885

22

11400

26

Sr. Hochwürden Herrn Musikdirektor Ignaz Traumihler zu St. Florian

9. Virga Jesse

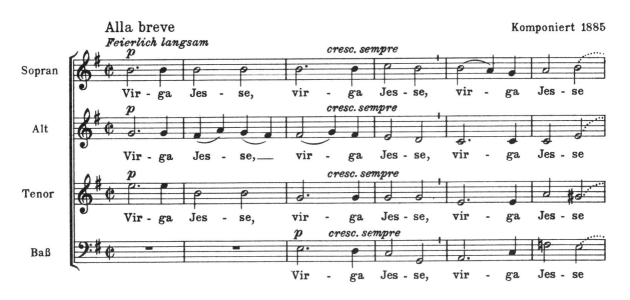

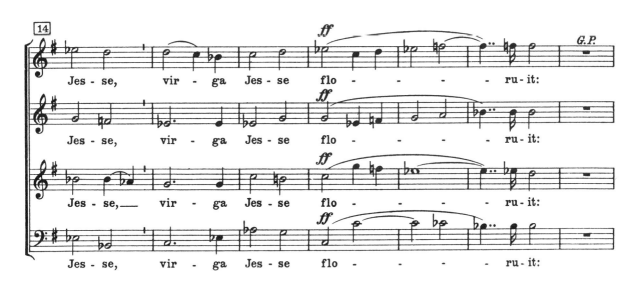

28

30

10. Vexilla regis

Komponiert 1892

32

33

Edition Peters   11400

Anhang

Inveni David

Offertorium für Männerchor mit Begleitung von 4 Posaunen

Komponiert 1868

11400

KLAVIERAUSZÜGE
Opern

D'ALBERT Tiefland (d./e.) (Singer/J. D. Link) EP 4401

AUBER Stumme von Portici (d.) (Masaniello) EP 739

BEETHOVEN Egmont EP 99
Fidelio (Soldan) EP 44

BIZET Carmen (d.) (Soldan) EP 3001

BOIELDIEU Die weiße Dame (d.) (Kogel) EP 741

BORODIN Fürst Igor (d./f./r.) (Rimsky-Korsakow/Glasunow) Bel 477

DEBUSSY La boîte à joujoux (f./d.) (R. Zimmermann) EP 9247

DONIZETTI Die Regimentstochter (d.) (Honolka/Volbach) EP 1813a

FLOTOW Martha (Kogel) EP 3480

GLUCK Orpheus und Eurydike (d./f.) (Dörffel/Singer) EP 54a

GOUNOD Margarete (Faust) (d.f.) EP 4402

HÄNDEL Acis und Galatea (Gervinus) (d./e.) EP 3633
Julius Caesar (d./i.) (Hagen) EP 3783
Rodelinde (d./i.) (Hagen) EP 3784
Xerxes (Hagen) EP 3792

HAYDN List und Liebe (La vera costanza) (d.) (Schwalbe/Zimmer) EP 4999

HUMPERDINCK Hänsel und Gretel EP 9249

LEONCAVALLO Der Bajazzo (Pagliacci) (d./i.) (Märzendorfer/Link) EP 9150

LORTZING Undine (Kruse/Soldan) EP 2053
Waffenschmied (Kruse) EP 2052
Wildschütz (Kruse) EP 2054
Zar und Zimmermann (Kruse) EP 2051

MARSCHNER Hans Heiling EP 1875

MASCAGNI Cavalleria rusticana (d./i.) (Soldan) EP 4400

MENDELSSOHN BARTHOLDY Sommernachtstraum op. 61 (Kleinmichel) EP 1751

MOZART Bastien und Bastienne (Kleinmichel) EP 9001
Cosi fan tutte (d./i.) (Schünemann/Soldan) EP 4474
Don Giovanni (d./i.) (Schünemann/Soldan) EP 4473
Entführung aus dem Serail (Soldan) EP 745

MOZART Hochzeit des Figaro (d./i.) (Schünemann/Soldan) EP 4472
Idomeneo (Kogel) (d./i.) EP 1127
Schauspieldirektor EP 2184a
Titus (d./i.) (Kogel) EP 746
Zauberflöte (Soldan) EP 71

NICOLAI Die lustigen Weiber von Windsor (Soldan) EP 1940

OFFENBACH Hoffmanns Erzählungen (Kogel) EP 3269
Ritter Blaubart (Felsenstein/Seeger) EP 9005

PUCCINI La Bohème (i./d.) (Reuter, Herz/Schlegel) EP 9637
Madama Butterfly (i./d.) (Schmitz, Herz/Schlegel) EP 9635
Tosca (i./d.) (Gurgel) EP 9639

RIMSKI-KORSAKOW Der goldene Hahn (d./e.) EP 8006
Mozart und Salieri (d./f./r.) Bel 509

ROSSINI Barbier von Sevilla (d./i.) (Soldan) EP 4265

SCHUMANN Genoveva op. 81 (Cl. Schumann) EP 2397

SMETANA Verkaufte Braut (Kalbeck) EP 4403

VERDI Aida (d./i.) (Soldan) EP 4253
Don Carlos (Kapp/Soldan) EP 4534
Macht des Schicksals (d./i.) (Göhler/Soldan) EP 4254
Maskenball (d./i.) (Soldan) EP 4252
Rigoletto (d./i.) (Soldan) EP 2185
Traviata (d./i.) (Kogel) EP 1469
Troubadour (d./i.) (Soldan) EP 1379

WAGNER Der fliegende Holländer (Brecher) EP 3402
Lohengrin (Mottl) EP 3401
Meistersinger von Nürnberg (Kogel) EP 3408
Parsifal (Mottl) EP 3409
Ring des Nibelungen (Mottl)
– Rheingold EP 3403
– Walküre EP 3404
– Siegfried EP 3405
– Götterdämmerung EP 3406
Tannhäuser (Mottl) Dresdener und Pariser Fassung EP 8217
Tristan und Isolde (Mottl/Kogel) EP 3407

WEBER Abu Hassan EP 1479
Freischütz (Soldan) EP 79
Freischütz (J. Freyer) EP 9741 geb
Peter Schmoll (Zallinger/Göttig) EP 4834

WOLF Der Corregidor EP 3730

Bitte fordern Sie den Katalog der Edition Peters an

C. F. PETERS · FRANKFURT · LEIPZIG · LONDON · NEW YORK

PRAXIS DER CHORPROBE

In der Reihe „Praxis der Chorprobe" geben erstmals international führende Chordirigenten einen interessanten Einblick in ihre Methode, die Chorsätze der großen Oratorien zu erarbeiten. Allgemeine Werkeinführungen, grundsätzliche Überlegungen zu Interpretation und aufführungspraktischen Fragen des jeweiligen Werkes sowie detaillierte Studienanleitungen zu den einzelnen Chorsätzen geben Dirigenten und Chorsängern die Möglichkeit zur gründlichen Vorbereitung auf die Probenarbeit.

Carl Eberhardt	**PRAXIS DER CHORPROBE** Arbeitsheft für die allgemeine Gestaltung von Chorproben mit Einsingübungen EP 8190 Auch in englischer Sprache lieferbar EP 8290
Walther Schneider	**EINSINGEN IM CHOR** Methodische Anleitung und Übungen zur chorischen Stimmbildung EP 8147 Ausführliche Notenausgabe Auch in englischer Sprache lieferbar EP 8247 Hierzu ergänzend: **TONBANDKASSETTE MIT „MUSTER-EINSINGEN"** Süddeutsches Vokalensemble, Dirigent Walther Schneider (in Zusammenarbeit mit dem Deutschen Sängerbund) EP 8147 b Tonbandkassette
Johann Sebastian Bach	**MATTHÄUS-PASSION** Einführung und Studienanleitung von Helmuth Rilling EP 8252 Auch in englischer Sprache lieferbar EP 8270
Ludwig van Beethoven	**SINFONIE Nr. 9** IV. Satz „An die Freude" (Schiller) Studienanleitung von Carl Eberhardt EP 8255 Auch in englischer Sprache lieferbar EP 8441
Joseph Haydn	**DIE JAHRESZEITEN** Studienanleitung von Walther Hagen-Groll EP 8251
Joseph Haydn	**DIE SCHÖPFUNG** Studienanleitung von Helmut Franz EP 8253
Georg Friedrich Händel	**DER MESSIAS** Studienanleitung von Erich Schmid EP 8254 Auch in englischer Sprache lieferbar EP 8429

Printed in Germany